目でみる漢字

おかべたかし・文
山出高士・写真

東京書籍

はじめに

『目でみる漢字』というタイトルには、「写真に収めた漢字の姿をみてみよう」という企画意図が込められています。もちろん「漢字の姿」と唐突にいわれてもピンとこないでしょうが、それはこのようなことです。

たとえば「山」は、三つの土地の盛り上がりを象(かたど)った漢字であることは広く知られていると思います。ただ、そんな山をみたことがある人はあまりいないはず――そう思って「山」な山を探してきたので、その姿をご覧いただきたいと思います。

たとえば「カミキリムシ」は「天牛」と書くのですが、これはその姿が牛に似ているからだといいます。ただ、そういわれても実際にみてみないことにはピンとこないはず――そう思い、カミキリムシを捕まえて写真に収めたので、牛に似ているか確認してみてください。

こうして写真に収めた漢字は、全部で36項目。漢字は、それまで読んだり書いた

りするばかりだったはずですが、こうして「みる」ことによって、新たな発見や、驚きを提供できればと考えています。

なお写真は、どれも私たちが現地に赴いて撮ったものです。借りた写真は使わず、敢えて自分たちで撮っている姿勢も楽しんでもらえたら幸いです。

掲載した漢字は、一章は画数順、二章、三章は五十音順に配列しています。もちろん前から順に読む必要はありませんので、パラパラとめくって気になったところからご覧ください。

なお、漢字の由来や解釈には様々な説があります。そのすべてに言及していては、この本の性格も変わってしまうので、そのひとつに絞って紹介していることをお断りしておきます。

文はおかべたかしが担当し、写真は山出高士が担当しました。

「漢字が苦手」という人は、少なくないかもしれません。そんな人が、この本を読んで笑ってくれたり、ちょっとでも「漢字って面白いな」と興味をもってくれたらとても嬉しく思います。

——— おかべたかし

もくじ

三章　「似ている漢字」をみる

漢字なコラム

装丁＆本文デザイン／佐藤美幸（keekuu design labo） カバー＆本文写真／山出高士

一 章

漢字の「形」をみる

この章でみるのは漢字の元となった「形」です。

「山」というのは、3つ連なる土地の盛り上がりを象(かたど)った漢字であることは、みなさんもご存知でしょう。しかし、そんな山、あまり見たことがありませんよね。そこであちこち探して「山」を見つけてきました。

「虫」という漢字が、ヘビを象っていることはご存知でしょうか。ヘビは本当に「虫」に見えるのか？ そんな疑問を解決するために、これもまた実際にヘビの写真を撮ってきました。

本章では、このように私たちが撮影してきた漢字の元となった「形」と共に解説していきます。

なお、このように何かの形を象ってできた漢字を象形(しょうけい)文字といいますが、漢字全体に象形文字が占める割合は極めて少ないことをご存知でしょうか。

漢字は、その成り立ちによって、大きく以下の4つに分類することができます。

1　象形文字……《「山」や「月」》など何かの形を文字にしたもの。
2　指示文字……《「上」や「下」》など抽象的なものを記号のように表現したもの。
3　会意文字……《「田」と「力」で「男」》など2つ以上の漢字の意味を組み合わせたもの。
4　形声文字……《草は、早(ソウ)が音、草冠が意味》など「音」を表す部と「意味」を表す部を組み合わせて作ったもの。

このなかでその数が群を抜いて多いのが形声文字で、全体の9割を占めるといいます。つまり、元の形をみることができる漢字というのは、思いのほか少ないのです。

川

【かわ・セン】

意味／水が地表の窪みに沿って流れているところ。

「両岸の間を流れる水」の形

「川」という字は、両岸の間を流れる水の形を象った象形文字。この「川」と同じく川の形から生まれた漢字が「永」。これは、川の流れがいくつにも分かれている様を象っている。また「州」は、川の流れの中にある陸地(中州)の形から作られたものである。

「川」と「水」はどう違う？

「水」という字も、水の流れから生まれた象形文字。この「水」と「川」の成り立ちの違いは、川は両岸も含むが、水はその流れだけをクローズアップしていると考えられる。「川の字に寝る」ということばがありますが、両端に寝る人は、岸の気持ちで寝てもらったほうがいいでしょう。

山

【やま・サン】

意味／土地が周りよりも高く盛り上がっているところ。

「山」の形

「山」は、3つ連なる盛り上がりを象った象形文字。写真の山は、栃木県と群馬県にまたがる「日光白根山」(ちなみに標高は2577.6メートルあり、これは北海道も含めた関東より北に位置する山のなかで最高峰)。この山には、ご覧のように山頂付近に3つの峰が連なり「山」という形を見ることができる。なお「丘」という漢字もあるが、これは小さな山が2つ連なった形をもとにした象形文字である。

足湯に浸かりながら「山」を見よう

私たちがもっとも「山」らしい「山」としてピックアップしたのが、この「日光白根山」。山に雲がかかることを懸念して早朝に東京を出発するも「山」が拝めるというロープウェイの山頂駅に到着したときには、辺り一面に雲が立ちこめていました……。ただ1時間ほど待っていると、見事なばかりの「山」が姿を現してくれ大いに感動。山頂駅にある「天空の足湯」に浸かりながらも見ることができるこの「山」。みなさんに自信をもってお勧めしたい極上の漢字スポットです。

牛

【うし・ギュウ】

意味／古くから乳用や肉用、あるいは労働用として利用されてきたウシ科の哺乳類。

「牛を正面から見た」形

「牛」は、角が生えた牛の頭の形を象（かたど）った象形文字。「羊」も同様に、頭の形から生まれた象形文字だが、頭よりも体全体を象った漢字の方が多い。「象」や「犬」「鳥」「亀」「馬」などは、どれも体全体の形を漢字にしたものだ。

「犀」（サイ）は牛に似た動物

写真のサイは漢字で「犀」と書く。この漢字に「牛」の字が見て取れるのは、古来からサイは牛に似た動物とされてきたから。サイは、その甲冑のように硬い皮膚が特長で、「犀利」（さいり）といえば、兵器が硬く鋭いことを意味する。そして、これが転じ「文章に勢いがあること」も意味するのです。

木

【き・モク】

意味／木質の幹をもつ植物。

「木」の形

漢字の「木」は、まさに「木」の形を象った象形文字。そこで理想的な「木」を撮るべく探し当てたのが、東京都立川市と昭島市にまたがる国営昭和記念公園内「みんなの原っぱ」にある「大ケヤキ」。通常ケヤキは「ほうきを逆さまにしたような形」をしているが、この大ケヤキは形が丸く「木」によく似ている。なお「本」という字は、「木」の下に「一」を加えることで根元、ひいては「元」の意味を表した指示文字である。

樹齢およそ100年の「大ケヤキ」

国営昭和記念公園の「大ケヤキ」の樹齢はおよそ100年で、同園ができる前からこの地にあったという。木の高さは約19m、葉張りはおよそ24mもあり、多くの人がこの下で憩いのひと時を過ごすそうです。まさに「木」のモデルに相応しい名木ではないでしょうか。誰もいない「木」を撮るなら、開園直後にダッシュで駆けつけるのがおすすめですよ。

生

【い(きる)・う(まれる)・なま・セイ】
意味/生物が命を保つこと。誕生すること。

「芽」の形

「生きる」「生まれる」「生える」という意味を持つ「生」は、地表に姿を現した植物の「芽」を象った象形文字。こうしてじっくりみると「生」を感じるのではないだろうか。なお「産」という字も「うまれる」ことを意味するが、これは「産みの苦しみ」など、出産にその用途を限定している。これに対して「生」は「下町に生まれた」や「新記録が生まれる」など幅広く用いる。

「主」は「火が灯ったロウソク」

「生」に形の似た「主」は、火が灯ったロウソクを象った象形文字。なぜ「主」がロウソクの火なのかといえば、火が貴重だった時代、これを管理するのは家の主人だったことに由来する。そう知ってみると「主」と「火が灯ったロウソク」はよく似ている。これからは「主」の上の点が「火」に見えてしかたなくなる気がしてきました。

田

【た・デン】

意味／穀物を栽培するために区画整理された農地。日本では特に稲の栽培農地を指す。

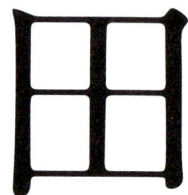

「田んぼ」の形

「田」は、文字通り「田んぼ」の形を象った象形文字。この「田」と「力」を組み合わせた会意文字が「男」で、もとは田んぼで力仕事をする人という意味だった。なお、男は田偏（ヘン）に属する漢字で、男ヘンというものは存在しない。一方、「女」は女性の座る姿の象形文字で、女ヘンの漢字もたくさんある。

中国では田んぼも畑も「田」

中国では田んぼも畑も「田」という漢字で表し、「畑」という漢字はない。つまり、この「畑」という字は日本で作られた漢字（国字）で、耕地で木や草を焼きそこで作物を育てたことに由来する。灰がよき肥料となって、作物がよく育つのです。

旦

【タン】

意味／夜明け。

「太陽」が「地平線上」に現れた形

「旦」という漢字は、地平線の上に太陽が現れた様を象ったという説がある。つまり、「旦」の字の下の「一」が地平線で「日」が太陽を表しているのだ。「旦」の字は「元旦」(がんたん)という単語で馴染み深いが、「旦」の意味を知ればわかるように、これは元日の朝のことを指している。

地平線は「工場」です。

東京近郊では、水平線から昇る太陽は撮れても、地平線となるとなかなか難しい。そんななか「旦」を撮ったのが横浜市鶴見区の海岸で、ここから海越しに見える京浜工業地帯の工場群を地平線に見立てることとした。撮影に行ったのは7月初頭の休日。雲に映える朝日の様は、ずっと眺めていても飽きない美しさがありますね。

冬

【ふゆ・トウ】

意味／四季のひとつで秋と春の間。現行の太陽暦では概ね12月から翌年の2月までを指す。

食べものを「ぶら下げている」形

「冬」の下の2つの点は氷を、上の部分は「食べものをぶら下げている」形を表している。地面が凍るような寒い季節には食べ物がなくなるので、それに備えて干していたことに由来するという。なお、魚ヘンに冬と書く「鮗」は「コノシロ」と読み、シンコ→コハダ→コノシロとなる出世魚。昔、主人に自分の子どもを殺せと命じられた男が、その代わりに棺にこの魚を入れその匂いでごまかしたという話があり、ここから子の代わり「子の代」(このしろ)になったとする説がある。冬が旬の魚で「鮗」という字は、日本で作られた漢字(国字)である。

三浦海岸の冬の風物詩
「大根カーテン」

「冬」を見に行ったのは、神奈川県の三浦半島。ここでは毎年冬になると海岸で大根を干す「大根カーテン」が見られ、この地の冬の風物詩となっている。冬の寒い潮風にあたりながら干された大根は、美味しい「たくあん」になるそうです。

虫

【むし・チュウ】

意味／鳥、魚、獣以外の小動物。

「ヘビ」の形

「虫」といえば、いわゆる「昆虫」を想像するが、その漢字は頭の大きなヘビを象って出来たもの。もともとはマムシを意味していたが、その後に、爬虫類だけでなく、昆虫や貝類などにも用いられるようになった。昆虫だけでなく、蛇(へび)や蛙(かえる)、蛤(はまぐり)なども虫ヘンであるのはこのためである。写真はマムシ。

マムシに会える
「ジャパンスネークセンター」

撮影にご協力いただいたのは、群馬県太田市にある「ジャパンスネークセンター」。およそ80種7000匹のヘビがいる同園では、自然の状態で観察できるだけでなく、触れ合うこともできる。この撮影は、炭酸ガスによりマムシに麻酔をかけて行なったもの。もちろん同園のヘビの専門家の方が立ち会ってくださったもので、普通はこんなに近くで撮るような真似をしてはいけませんよ。

夏

【なつ・カ】
意味／四季のひとつで春と秋の間。現行の太陽暦では概ね6月から8月を指す。

Dream
とみ

「お面を付けて踊る人」の姿

「夏」という字は、お面を付けて踊る人の姿を象った象形文字。もともとは、夏祭りの踊りの名前を指していたが、これが転じて夏を意味するようになった。写真は、宮崎県日向市で毎年8月の第一土曜日に開催される「日向ひょっとこ夏祭り」で撮影したもの。写真は「ひょっとこ」だが、他に「おかめ」や「きつね」の面を付けた人がパレードを行なう。

「夏」が乱舞する
「日向ひょっとこ夏祭り」

「夏」を撮りに出かけた「日向ひょっとこ夏祭り」では、「ひょっとこ」たちが市内を練り歩くパレードの他、踊りの見事さを競う個人戦も行なわれる。参加者は2000人を超えるとされ、これほど「お面を付けて踊る人」=「夏」がたくさん見られるのは間違いなく日本でここだけでしょう。ユーモラスかつ貴重な「漢字名所」のひとつ、ぜひ一度見に行ってください。楽しすぎました。

原

【はら・ゲン】

意味／もと。ものごとのはじめ。はら。広くて平らな土地

崖から「水が湧き出る」様子

「原」は、崖から水が湧き出ている様を象った象形文字。水が湧き出ることから「ものごとのはじめ」という意味をもつ。崖を表しているのが、原の部首でもある「厂」(がんだれ)。「厚」は、崖を意味する厂に音符の「㫗」(コウ)を合わせた形声文字だが、切り立った崖の地層を見ていると、まさに「厚い」と感じられるだろう。

都内で味わえる渓谷
「等々力渓谷」

今回「原」の撮影で訪れたのは世田谷区にある「等々力（とどろき）渓谷」。ここは東京23区に唯一残る渓谷として名高いところですが、都内の駅から少し歩いただけとは思えないほど緑と水が美しかったです。この渓谷を眺めるのに最適な場所にイタリアンレストランがあったので、次回はあそこからピザでも食べながら渓谷を眺めたいと思いました。

集

【あつ（まる）・シュウ】
意味／つどう。あつまる。あつめる。

木の上に「鳥が集まっている」状態

「集」の下の部分は「木」を、上の部分の「隹」は「ふるとり」と読み、ずんぐりとした尾の短い鳥のことを意味している。つまり「集」とは、写真のように「木」の上に鳥がたくさん集まっている状態を指しているのだ。この《「木」と「隹」を組み合わせて「集」》のように、すでに意味を持つ漢字を組み合わせて作った新たな意味の漢字を会意文字という。《「日」と「月」を組み合わせて「明」》も、そのひとつ。

「進」に「隹」があるのはなぜ？

「雀」を「隹」に「小」と書くのは、「雀」が小さい鳥だから。また鳥と関係ないのに「進」に「隹」があるのは、小さな鳥は下がることができず、前に進むだけだからだそうです。

象

【かたど(る)・ゾウ・ショウ】

意味／アフリカやインドにいる鼻が長く体が大きな動物。

「象」の形

「象」がその形を象った象形文字であることは広く知られているだろうが、ここから導き出せる事実に気づいている人は少ないのではないだろうか。それは、象形文字であるということは「古代中国にも象がいた」ということを意味しているのだ。なお、象の字の上の部分の「ク」が、その長い鼻を表している。

虎は額に「王」とある

「虎」もその形から作られた象形文字。虎は、古代からその絵を門の柱に貼れば悪霊を追い払うと信じられるなど広く崇められてきた。しばしば「動物の王」とされるが、これは一説によると、その額の文様が「王」の字に見えるからだという。虎の額をじっくり見ると、たしかに「王」の字が見えますね。

「卵」は何の卵？

〜漢字好きになる寄り道〜

漢字の「右」と「左」は、書き順が違うということをご存知でしょうか？

「右」は、まず「ノ」を書いてから「一」を書き、「左」は、まず「一」を書いてから「ノ」を書く――。これは子ども向けの辞書にも書いてあり、小学校でこの書き順を厳しく教える先生もいるようです。しかし書き順というのは、時代と共に変わってきたものであり地域差もある。事実、中国では「右」も「左」も同じように「一」から書き始めるといいます。

「木ヘン」と「手ヘン」では、「トメ」「ハネ」が異なるという話はご存知でしょうか？　「桜」などを書くときの木ヘンはトメ、「持」などを書くときの手ヘンはハネる。たしかに明朝体の書体を見るとそうなっており、この点を厳しく指導される子どもたちもいるそうです。しかし、これも「于」(ウ)と「干」(カン)のようにトメ、ハネによって漢字が異なるような場合でなければ、トメてもハネても構わない。そもそも木ヘンと手ヘンの「トメ」「ハネ」が異なるのは、明朝体という書体のデザイン上の違いであって文字の本質に関わることではない――。こんな話を常用漢字の改訂作業にも参加された阿辻哲次さんの『漢字再入門』(中公新書)という本で知りました。阿辻さんは、同書の中で書き順やトメハネなどにこだわり過ぎることは子どもを漢字嫌いにする可能性があると指摘され、それよりももっと面白くて役立つ話が漢字にはたくさんあると述べておられます。

素晴らしい！　私は、この本を読んで素直にそう思いました。なぜなら本書を作る過程で、こんな話をすれば子どもたちも漢字好きになるのでは――という例を、いくつも見つけることができたからです。たとえば「卵」の話です。

「卵」という馴染み深い漢字は、あるものの形を象った象形文字ですが、これは何の卵かわかりますか？

私たちが「卵」と聞いて連想するのは、ニワトリのそれでしょう。でも、あの形から「卵」という漢字ができるでしょうか。「白」とかのほうが、よっぽどニワトリの卵っぽい。では、何の卵なのかといえば「蛙の卵」だといいます。葉っぱなどに産みつけられた蛙の卵は、まさに両側に分かれるような形で「卵」らしい。「卵」という漢字を見ながら「これは何の卵でしょう」と問いかけてみる。そして、子どもたちにいろんな卵を探してもらって「卵」の正体を探る――。そんな授業の寄り道があれば、子どもたちも漢字好きになるのでは、と思うのです。

「ダチョウの卵(左)や、ニワトリの卵(右)から『卵』ができる？」こんな漢字の寄り道はいかがでしょう。自然界にその由来がある漢字は、国語という枠を飛び出て自然を学ぶ出発点にもなり得るように思うのです。

日本全国「漢字が見える」景勝地

ある景色が偶然にも漢字に見える――。それだけのことなのに人を惹きつける場所が、日本各地にあります。これこそ、一字で意味をもつ漢字の力ではないでしょうか。

京都の夏の夜を彩る「五山の送り火」でも、その主役となるのは山に浮かび上がる「大」の文字。実はなぜ「大」の字なのか、その理由は定かではないのですが、見る者に何か意味を感じさせる奥深さがあるものです。きっとあれが「○」などの記号や「い」などの平仮名ならば、今ほど人を魅了していないでしょう。

新潟県の妙高山には、雪解けのシーズンになるとその山頂に「山」の字が浮かび上がります。春になると山を覆っていた雪が解けて、山肌の残雪がいろんな形に見えるのですが、人々は、その形を馬や牛に見立ててきました。そのなかのひとつが「山」の字で、「木曾義仲が彫らせたもの」とか「もともとは妙高山だったのが火山で吹き飛ばされ『山』だけが残った」などの言い伝えがあります。

岐阜県の高山市には、「川字滝（せんじたき）」があります。これは、落差30メートルの大倉滝を中心とした大小の滝と奇岩が連なる景勝地「森林公園おおくら滝」の中にあるもので、その名の通り滝の流れが「川」の字に見えるのです。

京都の丹後半島には、漢字の「一」の字が見える「一字観公園」があります。これは、日本三景としても知られる「天橋立」が、横一列になって「一字」に見えるという場所。正式には「大内峠一字観公園」といい、桜の名所としても知られています。

さて、こうやってご紹介していても、その実物をお見せしないことには、退屈ですよね。そう思い、私たちが訪れたのは「叶」という字が見えるという宮崎県の「願いが叶うクルスの海」。こちらは岩が波の浸食を受けて「十字」の形に見えるというところで、ポルトガル語で十字を「クルス」ということから、こう呼ばれています。そして、十字の外側にある岩場も含めてみると「叶」の字に見えることから、ここで願いごとをすると「叶う」という言い伝えがあるのです。

「叶」の字が見えるのは宮崎県日向市にある日向岬。この「叶」を見下ろす展望所には「願いが叶うクルスの鐘」も設置されています。実際に見ると想像以上に大きなもの。素晴らしき日本の漢字名所のひとつです。

「叶」の字は、ご覧のような美しい海の中にあります。十字の姿を頭の中で縦にしていただき、中央の奥に見える岩を「口」に見立てると「叶」というわけです。この景色を見ながらこの本が売れるように願ってきましたので、もしベストセラー入りできたならば、この「叶」のおかげかもしれません。

「月極駐車場」の謎

〜読み間違えていた漢字〜

誰にも「ずっと読み方を間違えていた漢字」というのがあるのではないでしょうか。

たとえば「御用達」。宮中や官庁に物品を納入することを意味し、菓子店などの店頭に「宮内庁御用達」などと書かれていますが、普通によめば「ごようたつ」。でも、これを「ごようたし」と読むなど、なかなか学校では習わないでしょうから、社会常識として知るまでは「ごようたつ」のままですよね。

「既出」を「がいしゅつ」(正解は「きしゅつ」)や、「雰囲気」を「ふいんき」(正解は「ふんいき」)、「遵守」を「そんしゅ」(正解は「じゅんしゅ」)なども、読み間違えがちな漢字ではないでしょうか。

私は、長い間「老舗」を「ろうほ」と読んでいました。歴史ある旅館を紹介するときに「老舗旅館」などと書かれますが、普通に読めば「ろうほりょかん」。これを「しにせ」と読むと知ったときは、驚きと共に恥ずかしく思ったのですが、実はこれ「ろうほ」と読んでも間違いではないそうです。

さて、このように人によって読み間違えてきた漢字も様々でしょうが、日本人なら誰もが一度は間違

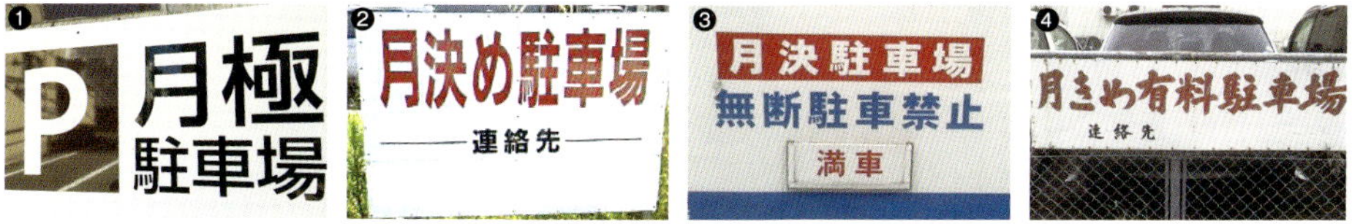

❶は全国的によく見られる「月極」の表記。❷は北海道の函館で❸は高知県で撮影した「月決め」と「月決」。撮影してくれた人の感じだと函館では「月決め」のほうが珍しいけれど、高知では7割方「月決め」だったそうです。北海道が独自表記になるのは、なんとなくわかるのですが、なぜ高知は「月決め」大国なのでしょうか。ご存知の方おられましたら教えてください。ちなみに❹は、こういった表記騒動などどこ吹く風の平仮名バージョン。男らしさのようなものが漂っています。

えたに違いないのが「月極駐車場」でしょう。

駐車場の看板に書いてある「月極」という文字。子どもの目にもよく触れるところにあるので、誰もが「げっきょく」と読んだことでしょうが、これでなぜか「つきぎめ」と読む。なぜ、こう読むのか調べてみると、日本では江戸時代から「極」という漢字に「きめる」という意味と読みを持たせており、戦前まで「きめる」には「決」と「極」の両方が使われていたそうです。それが戦後「きめる」は「決」だけと定められ、「極」は「きわめる」という意味だけに限定されます。それゆえ、学校では「決める」だけが教えられてきたのですが、古い慣習として「極める」が残ったのです。

ただ、なぜ駐車場業界を中心に「極める」が残ったのかはよくわかりませんでした。そんななか、北海道と高知県だけには「月決め」という表記があるということを知ったので、伝手を頼って入手したのが上記の写真です。たしかに「月決め」でこれのほうがわかりやすいのですが、ここまで馴染んでくると「月極」のほうがしっくりくるような気もしますねぇ。

「今年の漢字」を振り返る

毎年12月12日に「今年の漢字」が発表されていることはご存知だと思うのですが、過去の漢字については、ほとんど記憶にないことでしょう。ただ今回改めてすべてを眺めてみると、なかなかに感慨深かったのでご紹介したいと思います。この企画は1995年から始まったので、2014年でちょうど20の漢字が選ばれたことになります。以下、こんな漢字が選ばれてきました。

「震」('95)/「食」('96)/「倒」('97)/「毒」('98)
「末」('99)/「金」('00)/「戦」('01)/「帰」('02)
「虎」('03)/「災」('04)/「愛」('05)/「命」('06)
「偽」('07)/「変」('08)/「新」('09)/「暑」('10)
「絆」('11)/「金」('12)/「輪」('13)/「税」('14)

各年の出来事と漢字がしっかり結びつく場合と、そうでないケースが混在しているのではないでしょうか。やはり阪神淡路大震災があった'95年と、アメリカ同時多発テロの'01年、東日本大震災があった'11年はすぐ結びつきますね。またこうして俯瞰すると、大事件があった年とそうでもない年の差がけっこうあるのがわかります。あと明るい漢字が少ない。「楽」とか「笑」なんて漢字が選ばれる年がくるといいですね。

二 章

漢字の「意味」をみる

　この章でみるのは、漢字の意味です。
「意味をみる」とは、ちょっと理解しづらいでしょうが、こういったことです。
　中華料理などに用いられる「きくらげ」は漢字で「木耳」と書きますが、これは「木に生えている耳のように見えるもの」ということに由来します。
　つまり「木耳」という漢字には、その姿、形を言い表す意味が含まれているのですが、こういったことばを写真に収めてみようというのがこの章の狙いです。

　これまた中華料理でお馴染みの「ワンタン」は、漢字で「雲呑」と書きます。スープに浮かぶ姿が、まるで「雲」のようだからという意味なのですが、実に詩的ではないでしょうか。今までワンタ

ンを食べながら「雲」を連想した人が、どれだけいたでしょうか。本当に雲にみえるのか確かめてみましょう。

この章で紹介する漢字の多くは「難読漢字」とされるものです。パッと見て、すぐに読めるものは、少ないのではないでしょうか。

ただ、実際に実物をみながらならば、漢字の意味がすっと理解できると思います。「なるほど」と、笑いながら覚えられるものも多いはずです。

「なぜこんな漢字？」というその意味も知らず、闇雲に覚えるばかりでは、漢字が嫌いになる人も出てくるでしょう。

しかし漢字は、その意味を考えれば、もっと楽しく覚えられる。

この章が、そんな気づきにつながれば嬉しいです。

竜髭菜

【あすぱらがす】
意味／若い茎を食用とする欧州原産のキジカクシ科の多年草。

「竜」の「髭」(ひげ)の「菜」と書いて「アスパラガス」と読む

「アスパラガス」は漢字で「竜髭菜」と書く——。唐突にこう言われると面食らうだろうが、実物を見ると「なるほど」と思うのではないだろうか。たしかにアスパラガスの茎の部分には、竜の髭(というかウロコ?)のようなものが見てとれる。ただ、日本人なら茎の模様ではなく、筆のような先端に着目して「筆菜」とでも名付けるような気もする。このように着眼点に注目するのも面白い。

「逆鱗」は竜のウロコ

「目上の人から激しい怒りを買うこと」を「逆鱗に触れる」というが、この「逆鱗」とは、竜のあごの下にあるとされる逆さに生えた1枚のウロコのこと。竜はこの部分に触られると激怒することから生まれたことばである。アスパラガスを見て「竜」を連想するとは唐突にも感じるが、中国にはこの他「登竜門」や「竜頭蛇尾」など、もともと「竜」に関することばが多いのです。

蟻

【あり】

意味／ハチ目アリ科の昆虫。女王アリを中心に社会生活を営む。

「虫」ヘンに「義」(規律正しい)と書いて「アリ」

アリを漢字で虫ヘンに「義」と書くのは、「働き者」とも称されるその規律正しい習性に由来するという。写真は、多摩動物公園で飼育されている中南米の森林に生息するハキリアリが、規律正しく列をなしている様子。切った葉を運んでいる姿を見ることができるが、これを食べるのではなく、この葉の菌を栽培し生えてきたキノコを食べるという。

蟻はなぜ列を作れるの？

蟻が食べるものは多種多様。アブラムシなどが出す「甘露」といわれる糖分や、花の蜜、虫、ミミズに植物の種だけを食べる蟻もいるという。蟻が、こういった食べ物に向かって規律正しく列を作れるのは、その道に匂いをつけているからです。

菊石

【あんもないと】

意味／白亜紀末に絶滅した殻を持つ頭足類。しばしば化石の状態で発見される。

「菊」の「石」と書いて「アンモナイト」

写真の渦を巻いた貝のような化石は白亜紀に絶滅したアンモナイトの姿。貝ではなくイカやタコが属する頭足類で、その化石は直径2センチメートルと小さいものから、直径2メートルと大きなものまで幅広く存在する。このアンモナイトを「菊石」と呼ぶのは、渦巻いた形が菊の花を連想させるからではなく、縫合線と呼ばれる隔壁と外殻が交わる部分が、菊の葉のような文様にみえるためである。なお、北海道では特定のアンモナイトのことを「かぼちゃ石」とも呼ぶ。

なぜパスポートには
菊が描かれているのか？

日本のパスポートには、ご覧のように菊の花が描かれているが、これは国の紋章の代わり。そもそも、この部分には国の紋章を入れるのが慣例。しかし、日本には国章がないので、国を代表する花のひとつとして菊が描かれることになったという。なお、イギリスやアメリカにも国章はないが、こういった国は少数派だそうです。

潤目鰯

【うるめいわし】
意味／ニシン目の海の魚。マイワシ、カタクチイワシと並ぶ、イワシの三大種のひとつ。

「潤」んだ「目」の「鰯」と書いて「ウルメイワシ」

「ウルメイワシ」というカタカナ表記にすっかり馴染んでいるが、これを漢字表記すると「潤目鰯」。写真を見ればわかるが、大きな目が潤んだように見えることに由来している。このように漢字表記であれば、その特徴が理解できるケースは少なくない。「読みやすい」ばかりに利があるのではないのだ。

「カタクチイワシ」は「片口鰯」

「カタクチイワシ」という名前からは、「堅い口」を連想するする人もいるだろうが、正解は「片口」。下あごに比べて上あごが大きく突き出しており「上あごだけで下あごがないように見えること」がその名前の由来となる。この片口鰯の稚魚を干して釜茹でにしたのが、一般的な「しらす干し」。でも小さいので「片口」の片鱗を見ることはできません。

陸蓮根

【おくら】

意味／アオイ科の一年草の植物（熱帯では多年草。少しの霜でも枯れてしまうので、日本では一年草）。食用する若い実には、独特の粘りがある。

「陸」の「蓮根」と書いて「オクラ」

独特の粘りが人気のオクラは、その断面が蓮根と似ているので「陸蓮根」と書く。「陸」と表記するのは、蓮根が水の中にできるためだ。なお、オクラは英語で「okra」と書き「オークラ」と発音する。つまり「オクラ」は、外来語なのである。なお、コーヒーが貴重品だった時代には、オクラの種がその代用品として用いられたことがあるという。

ひじきは「鹿尾菜」と書く

陸蓮根と同じく「陸」を冠する野菜には、葉の形がひじきに似ている「陸(おか)ひじき」がある。写真は、本家のひじきだが、これは漢字で書くと「鹿尾菜」。つまり、鹿の尻尾に似ているという意味なのですが、ものの本には「名の由来はわからない」とされています。今度、鹿を見る機会があれば、本当にひじきに似ているか確認してみてください。

蟹

【かに】

意味／甲殻類の一種。一対のハサミと、8本の脚と、硬い甲羅が特徴。食用になるものが多い。

分「解」しやすいのが「蟹」

「蟹」という漢字は「虫」の上に「解」と書くが、これはカニが分解しやすいことに由来しているという。なお「解」という漢字は「牛」と「刀」と「角」から出来ており、もともと「牛を解体すること」を意味していた。ちなみに、「蟹」と同じように虫ヘンが下に位置する漢字には、「蚕」(かいこ)や「蚤」(のみ)、「蛍」(ほたる)などがある。

毛蟹によく似た「栗蟹」とは

蟹の撮影に使用した毛蟹（けがに）は、ご覧のように毛がたくさん生えていることがその名の由来。この毛蟹が属するのは「栗蟹（くりがに）科」だが、この栗蟹の名前の由来には、甲羅が栗の形に似ているから、甲羅を覆う毛が栗のイガのようだから、またはその味が栗に似ているからなど諸説ある。毛蟹と栗蟹は、よく似ているが毛蟹のほうが大きく、味も上。とくに毛蟹の味噌は格段に上というが、たしかに美味しかったです。日本酒のお供にピッタリですね。

天牛

【かみきりむし】
意味／カミキリムシ科の甲虫の総称。発達したアゴは細い枝などを噛み切るほどに強い。

「天」の「牛」と書いて「カミキリムシ」

カミキリムシを漢字で「天牛」と書くのは、まずその長い触角が牛の角を連想させるためである。では、「天」とは何か。諸説あるが、カミキリムシが現れるときは雨が降ると思われていた。そこで、この虫には天を司る力があると思われ「天」と付けられたという。なお、「髪切虫」とも表記する。

何かと嫌われがちな
カミキリムシ

カミキリムシは「害虫」として名高いことをご存知だろうか。日本で養蚕が盛んだった頃、蚕が食べる桑の葉の最大の害虫とされたのが、このカミキリムシ。養蚕業が衰退した今も、ミカンやバラ、イチジクなどの最大の害虫とされ、とかく嫌われています。そのためかヒーローものの悪役のモチーフにも、何度か採用されているのです。

椿象

【かめむし】

意味／カメムシ目カメムシ科に属する昆虫の総称。悪臭を放つことで知られる。

「椿」に「象」と書いて「カメムシ」

カメムシといえば、悪臭を放つことで知られる昆虫だが、これを中国では「椿」に「象」と書く。「なぜ象?」と思うが、たしかに口から触角にかけての部分が象の鼻のようにも見える。日本人は、背中がカメの甲羅に見えるので「かめむし」と名付けたが、中国では口に注目して「象」と付けたのである。なお「椿」は、日本のツバキではなく別名「香椿」(チャンチン)と呼ばれるセンダン科の落葉高木のことを指す。その若芽には独特の臭いがあるので、この名をカメムシに重ねたという。

「白鼻心」は鼻が白い

鼻に特徴のある動物といえば、写真のハクビシンの名前も挙がるだろう。漢字で「白鼻心」と書くのは、ご覧のように鼻筋が白いから。かわいい顔立ちをしているが、昨今では、頻繁に人家に侵入するなどして害獣扱いされることも少なくない。夜中、天井裏が騒がしい。ネズミより大きいがネコではなさそう——。こんなときは白鼻心が侵入している可能性があるそうです。

木耳

【きくらげ】

意味／乾燥すると軟骨質になる枯木に群生するキノコ。

「木」の「耳」と書いて「きくらげ」と読む

「きくらげ」は、乾燥するとコリコリと「くらげ」のような歯触りがするのでこの名が付いた。また漢字で「木耳」と書くのは、写真のようにまさに「耳」に見えることに由来している。なお「茸」と書いてキノコを意味するのは日本だけのこと。この漢字の音読みは「ジョウ」で、草が生い茂る様を意味している。

「椎茸」「湿地」「滑子」…いろんなキノコの漢字

キノコを表す漢字には「椎茸」「松茸」「舞茸」など「茸」が付くものが多いが、そればかりではない。「しめじ」は「湿地」や「占地」と書くし、「なめこ」は「滑子」と書く。前者は、生えている場所を、後者はその「ぬるっとした」肌触りに由来するのです。

精霊蝗

【しょうりょうばった】
意味／バッタの一種。細くとがった頭と短い触角が特徴。

「精霊舟」に似ている「蝗」が「ショウリョウバッタ」

写真のような細くとがった頭の蝗(バッタ)を「ショウリョウバッタ」というが、この名前は「精霊舟」(しょうりょうぶね)に形が似ていることに由来する。精霊舟とは、お盆のとき、先祖の霊を送り返すために麦わらや木で作った小舟のこと。なお、精霊蝗のオスは飛ぶときに「チキチキ」と音を出すため「チキチキバッタ」とも呼ばれる。

なぜ蝗には「皇」の字があるのか

バッタ（あるいは「イナゴ」）という漢字は、虫ヘンに「皇」と書く。これは「虫」が意味を表し「皇」は「コウ」という音を表す「形声文字」とするのが一般的な説だが、バッタが「皇帝」の命に関わるからという説もある。中国大陸では、バッタの大群が食料を食い尽くす「蝗害」（こうがい）が古くから伝えられており、これにより一国が倒れることもあったという。写真はイナゴの佃煮。中国で「蝗害」を引き起こすのはトノサマバッタなどだが、日本には同様の被害がないため「蝗」の字の訓読みに、稲を食べる害虫として知られる「いなご」を当てたのです。

狆

【ちん】
意味／日本原産の小型の愛玩犬。

「獣ヘン」に「中」と書いて「ちん」

「狆」(ちん)を「獣ヘン」に「中」と書くのは、動物は家の外で飼うのが当たり前の時代に登場した室内犬であることに由来する。その歴史は古く、奈良時代に輸入された犬種を改良したものとされる。中で飼うことを前提に改良されたため、ほとんど吠えることがないうえ、体臭もなく人によく懐く。なお「ちん」という名前の由来には、「ちいさいいぬ」が「ちいぬ」「ちん」とだんだん縮まったという説がある。

狆のシンボルは
頭の上の「点星」

撮影にご協力いただいたのは、埼玉県在住の野坂さんとその愛犬「モカ」。モカの頭頂部にある黒い模様は「点星」といわれる狆のシンボルで、これがきれいに表れた上、目と鼻と耳のラインが一直線になっているモカはかなりの美形なのです。「吠えない」とは聞いていたのですが、撮影の間もまったく吠えず本当にお利口さん。実に可愛い子でした。

蓮

【はす】

意味／広く池や水田で栽培される多年生の水草。根は「蓮根」として食用される。

「草冠」に「連なる」と書いて「蓮」

根（実際には地下茎）を「蓮根」として食用する蓮は、草カンムリに「連」と書くが、これは実が連(つら)なっていることに由来する。写真は、花が落ちた後に見られる花床だが、この連なるものが実となっていく。なお「連」にサンズイを付けた「漣」は「さざなみ」と読み、波が細かく連なる様を表している。

蓮は「ポン」と音を立てて咲く？

蓮にまつわる話で広く知られているのが、咲くときに「ポン」と音がするというもの。この音を聞くと悟りが開けるといわれ多くの人が信じていたが、著名な学者たちが検証した結果、そんな音はしないと判明したそうです。まあ、冷静に考えれば音はしませんよね。でも、蓮の花を見ていると「ポン!」と音がしそうな気もしますよね。そんな想像力、なんか好きです。

鮒

【ふな】

意味／コイ科の淡水魚。コイに似ているがヒゲがないのが特徴。

くっ「付」いて泳ぐ「魚」が「フナ」

フナは魚ヘンに「付」と書くが、これはくっ付いて泳ぐその習性に由来するという説がある。それをたしかめるべく鮒の水槽の前で1時間ほど観察したが、とりわけくっ付いて泳ぐとは思えなかった。産卵期になると群れで集まるという習性があるらしいので、そのことを指しているのだろうか。また「付」の意味は、「エサに食い付きやすい」という説もある。俗に「魚釣りは鮒にはじまり鮒に終わる」というように、ギンブナやキンブナは食いつきがよく子どもでも簡単に釣ることができるという。

荒川などに棲む生き物に会える「さいたま水族館」

撮影にご協力いただいたのは、埼玉県羽生市にある「さいたま水族館」。埼玉県は海と面していないが、同県には荒川などに86種の魚がおり、このうちの70種類を中心に展示がされている。水族館は「羽生水郷公園」の一角にあり、水鳥の生態観察やカヌー体験も楽しむことができます。

鳳仙花

【ほうせんか】
意味／ツリフネソウ科の一年草。実が熟すと種が勢いよく弾け飛ぶ。

「鳳」に似た「花」が「ホウセンカ」

ホウセンカを「鳳仙花」と書くのは、この花を鳳凰(ほうおう)に見立てたことに由来する。鳳凰とは中国の伝説上の鳥で、その体は前半身が麒麟(きりん。想像上の動物)で、後半身が鹿、頸(くび)はヘビで、尾は魚、背は亀、あごはツバメ、くちばしは鶏に似ているという。なお魚の骨がのどに刺さったとき、鳳仙花の種を飲むと、骨がやわらかくなって抜けるとされる。

別名「爪紅」と呼ばれる理由

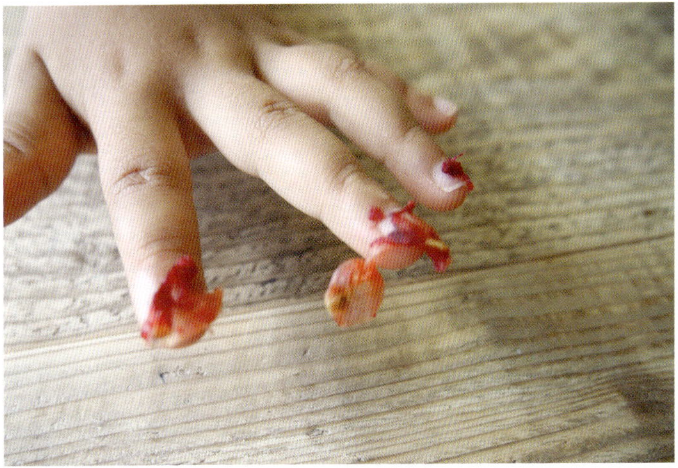

鳳仙花は、別名「爪紅」（つまべに／つまくれない）と呼ばれるが、これはこの花を使って爪を染めたことに由来する。いわば「天然のマニキュア」で、花をつぶして、これを指に置き包んで一晩置くと薄く爪が色づくという。韓国には、夏に鳳仙花で染めた爪の色が、初雪が降るまで残っていると、恋が叶うという言い伝えがあるそうです。

帆立貝

【ほたてがい】
意味／海に住む二枚貝。大きな貝柱が美味。丸みのある扇型の貝殻が特徴。

「帆」を「立」てる「貝」と書いて「ほたてがい」

「帆立貝」という名前は「貝殻の一片を帆のように立てて進む」と考えられていたことに由来する。写真は、その状況を想像して撮影したものだが、もちろんこのようにして進むわけではない。実際は、貝の中の海水を吐き出すことで進むのだが、そのスピードはかなり速いという。なお、貝殻が扇型なので「海扇」とも書かれる。

「鮑」はなぜ魚ヘンなのか?

「蛤」(はまぐり)や「蜆」(しじみ)など、貝の多くは虫ヘンだが、例外のひとつが魚ヘンの「鮑」(あわび)。「鮑」という字は、中国では「塩漬けにされた魚」のことを指すが、日本ではこれが次第に干物全般を指すようになり、そこに「干しアワビ」が含まれる過程でアワビそのものを指すようになったという。また、他の貝に比べて高級なので、虫ヘンではなく魚ヘンを用いたという説もあるようです。

雲呑

【わんたん】
意味／小麦粉で作った四角形の薄い皮に豚のひき肉などを包み、茹でたりする料理。

「雲」を「呑」むと書いて「わんたん」

「わんたん」を漢字で「雲」を「呑」むと書くのは、その形を空の雲になぞらえたからという説がある。ただ、ツルンとした食感が魅力の食べ物でもあり、専門店のなかには「雲を呑むような食感をお楽しみください」と謳うところもあるので、その形状だけでなく食感が雲のようであると捉える人もいるようだ。なお「飲む」と「呑む」は、前者は液体に、後者は噛まずにのみこむ場合に用いる。

「鱗雲」と「鰯雲」は同じもの

写真のような雲は、「鱗(うろこ)雲」や、「鰯(いわし)雲」あるいは「鯖(さば)雲」などと呼ばれる。その理由は、魚の鱗に見えるから、あるいは鰯や鯖が群れをなして泳いでいるからだが、このどちらも俗称で、正式には「巻積雲(けんせきうん)」と呼ばれる。一般的に、これらの雲が出た後は、雨になることが多いそうです。

なぜ「狼の煙」と書いて「のろし」なのか？

二章では、漢字の「意味」をみてきましたが、他にも不思議なものがあるのでご紹介します。

遠くの人に何かを知らせるために上げる煙のことを「のろし」といいますが、これは漢字で「狼煙」と書きます。なぜ「のろし」に「狼」(おおかみ)が関係するのかには諸説あるのですが「狼のフンを火に入れると煙が真っすぐに上がるから」というのが、有力とされています。本当なのでしょうか。煙がたくさん上がるというのなら、なんとなく理解できるのですが、真っすぐ上がるというのは、どういう効力なのでしょう。手近に狼がおらず確認するのは断念しましたが、いつか誰かが実験してくれるのを待つこととします。

モズという鳥がいるのですが、これは漢字で「百舌」と書きます。嘘をつくのが上手な人を「二枚舌」といいますが、こちらは「百枚舌」です。どういうわけで百枚舌なのかというと、このモズはいろんな鳥の鳴き方を真似られることに由来するといいます。本当なのでしょうか。これも手近にモズがいなかったので確認するのを断念しましたが、誰かに実験して欲しいものです。

「御虎子」と書いて何と読むかご存知ですか?

これ、持ち運びのできる便器の「おまる」なのです。「おまる」と書いて変換キーを押すと「御虎子」と出てくるのですが、「おまる」と「御虎子」のギャップが激しくてとても驚きます。では「おまる」はなぜ虎なのか——。この答えは実にシンプルで、古代中国における「おまる」、いわば元祖おまるは虎の形をしていたからなのです。

「虎」つながりでいえば、「あめふらし」は漢字で「雨虎」と書きます。磯などで見ることができる、頭に触角がある大きなナメクジのような生き物ですが、こちらはなぜ「虎」と書くのかよくわかりませんでした。触ると紫の液体を降らすことから「あめふらし」という名になったのはわかりやすいのですが、どこに虎の要素があるのでしょう。英語では「sea hare」と書き、これは「海のウサギ」という意味。これは触角を耳に見立てていることに由来しています。

このようにわからないものもあるのですが、「なぜこんな漢字が使われているの?」と思うことばには、何かしらの物語が潜んでいるものです。「そう読むもの」と理解してしまわずに、その由来を調べてみることは、ことばを楽しむひとつの方法だと思うのです。

写真の牡蠣には「牡」(オス)という字が入るが、これも考えれば不思議な話。その理由は、牡蠣には「牡」しかいないと思われていたからで、その背景には、貝のオスとメスをどうやって見分けてきたかという、ちょっと複雑な話があります。このように「なぜ牡?」と立ち止まることは、思いがけない知識を得るきっかけになるのです。

「訓読み」の訓(くん)は音読み

～意外な読みの話～

多くの人が、なんとなく「音読み」と「訓読み」の使い分けはできると思っているのではないでしょうか。「桜」という漢字であれば、音読みが「オウ」で訓読みが「さくら」。その法則性を問われると「それだけで意味がわかるのは訓読みで、意味がわからないのは音読み」と答える人もいるかもしれません。

より正確にいえば、中国で読まれていた音が「音読み」で、日本で付けたのが訓読みです。漢字は、もともと中国で使われていたものを、日本に輸入しました。そのとき「桜」という字は中国では「オウ」と読まれていましたが、日本においては桜を「さくら」と呼んでいた。そこで、桜に対して「さくら」と付けたのが「訓読み」で、もともと中国で呼んでいた「オウ」が「音読み」というわけです。

ただ、こういった基本的な知識があっても、意外とわからないことがあるのです。

たとえば、「菊」(きく)「茶」(ちゃ)「象」(ぞう)は、どれも意味がわかるので訓読みだと思うでしょうが、すべて音読みなのです。なぜか？　これに気づく人は、かなり勘のいい人ですが、おわかりですか？　答えは漢字が日本に輸入されてきたとき、日本には菊、茶、象がなかったからなのです。日本になければ、中国の音をそのまま使ったほうが都合いい。そこで「音読み」が「訓読み」のごとく定着していったケースが、菊、茶、象というわけです。

このように「すべての漢字には音読みと訓読みがある」と思われがちですがそうではありません。大別すると、以下の３つのパターンになります。

１．音読みと訓読みがある漢字

２．音読みしかない漢字

３．訓読みしかない漢字

「２」が、菊などの事例です。そして「３」は、日本で作られた漢字（これを「国字」と呼びます）の事例です。「峠」（とうげ）や「躾」（しつけ）、「轌」（そり）などは日本で作られた漢字ですので、これらは基本的には訓読みしかありません。

このようになかなか一筋縄でいかない「音読み」と「訓読み」の区別なのですが、今回調べていてもっとも驚いたのは「訓読み」の「訓」（くん）というのが音読みだったことです。「訓」の訓読みは「おし（える）」なんですが、ここは訓読みの漢字にしておきましょうよ！

写真は「菊」。日本のパスポートに印刷されるなど、「日本の花」というイメージが強いが、訓読みはなく、漢字が伝来したときには日本になかったと考えられている。この他、意外なところでは「本」（ほん）や「線」（せん）や「肉」（にく）も音読み。「肉」の訓読みは「しし」なのです。

少し役立つ「部首」の法則

漢字検定の2級の試験を受けたのですが、ここで私を苦しめたのが部首の問題でした。「花の部首は草カンムリ」なんてのは、そりゃ見ればわかるのですが、2級の問題は、どれも一筋縄ではいかないのです。たとえばこんな漢字の部首が問われます。

①街　②褒　③喪　④摩　⑤甚

わかりましたか？

答えは順に「①行　②衣　③口　④手　⑤甘」なのですが、パッと見ただけではわかりませんよね。試験前、いちいち覚えなきゃいけないのかと暗い気持ちになったのですが、部首を見つける法則なるものがありました。それによれば《読みを表す「音符」と意味を表す「意符」の組み合わせから成る漢字では、「意符」の部分が部首になる》とあります。つまり先ほど例示した④の「摩」ですが、これは「魔」も「磨」も「マ」と読むことからもわかるように「麻」の部分が音符。それゆえそれぞれの部首は、「手」「鬼」「石」になるというわけです。このように役立つ法則なのですが例外もあり、結局本番でも半分くらいしかわかりません。部首って、効率よく漢字を整理するためのものなのに「難問になってどうする」というのが私の負け惜しみなのでした。

三章

「似ている漢字」をみる

この章でみるのは「似ている漢字」です。

たとえば「鰈」(カレイ)と「蝶」(チョウ)。

普通、魚のカレイと、虫のチョウを「似ている」とはいいませんが、漢字にすればとても似ています。それは、両者ともに漢字の右側(これを旁[つくり]といいます)の「枼」(よう)が共通しているから。この「枼」には「平たくて薄い」という意味があるので、そんな姿形であるカレイとチョウの漢字は似ているのです。では、両者はどの程度、平たくて薄かったでしょうか。実際にみてみましょう。

「駝鳥」(ダチョウ)と「駱駝」(ラクダ)という漢字も似ています。

それは、どちらにも「駝」という漢字があるから。この「駝」は、もともと一字でラクダを意味しており、ダチョウに対しては「ラク

ダのような鳥だ」という意味から「駝鳥」と付けられたのです。ダチョウはそんなにラクダに似ているのでしょうか。実際に見比べてみましょう。

「似ている漢字」と聞くと、普通は「魚ヘンの漢字」などを思い浮かべる気がします。しかし「蝶と鰈」など、あまり注目されないようなところにも「似ている漢字」はあります。そして、そこにも何かしらの共通項があるものです。

この章では、写真に撮れるもの7組を紹介していますが、きっと他にもそんな似ている漢字があるはず。ふと「似ているな」と気づいたら、その背景をぜひ調べてみてください。きっと面白い発見につながると思いますよ。

小豆

大豆

白い大きな豆が「大豆」（だいず）

赤い小さな豆が「小豆」（あずき）

「大きな豆」と書いて「だいず」と読み、「小さな豆」と書いて「あずき」と読む――。しかし、じっくり見比べてみても、それほど大きさに差があるようにも思えない。では、なぜ「大豆」なのかといえば、これは大きさではなく「大いなる豆」という説がある。そのまま食べても美味しいうえ、味噌や醤油、納豆にも加工できる大豆は、まさに大いなる豆ということだろう。一方、なぜ「あずき」を「小豆」というかは、大豆に対する「小さい豆」の総称だったのが、しだいに「あずき」を指すようになった。その背景には大豆とは対照的に、その使い道が極めて少なかったからという説がある。

「大蒜と小蒜」は何を意味する？

「大豆と小豆」のような関係性のことばに「大蒜と小蒜」がある。「大蒜」はご存知の「ニンニク」だが、見慣れない「小蒜」は「ギョウジャニンニク」の別称。正式には「行者大蒜」と書き、行者（修験者）が食べたこと、また滋養がつきすぎるためこれを食べると修行にならないことから、この名が付いたという説がある。写真は国産（左）と中国産の大蒜。価格差が10倍ほどあるが、見た目もご覧の通りかなり違います。

蛙

桂

形のいい木が「桂」(かつら)

形のいい虫が「蛙」(かえる)

「蛙」と「桂」という漢字が似ているのは、「圭」(ケイ)という部分が共通しているから。この「圭」は音を表す「音符」である。ただ、「佳」という字には「美しい人」という意味があることから、「美しい」という意味を持たせているのではという説もある。では「蛙」(かえる)や「桂」は美しいのだろうか――と思い撮ったのがこの２枚の写真。どうだろう、美しいだろうか。また「鮭」を魚ヘンに「圭」と書くのも、姿形が美しいからという説がある。

「畦道」は美しい？

「圭」がつく漢字には、「畦」もある。この字は「あぜ」や「うね」と読み、耕地の境を意味するもので、「圭」がもつ「区切る」や「切立つ」という意味を含んでいるのだろう。ただ、こうして写真に撮ってみると「佳」のように「美しい」という意味を持っていると思わせるほどきれいでした。

烏

鳥

目が区別できるのが「鳥」（とり）

「鳥」（とり）によく似た「烏」（からす）という字は、鳥の4画目に当る横棒がない。これは、この横棒が目を表しており、全身が黒い烏はこの目が識別しにくいためだという。また「牙」（きば）に「鳥」と書く「鴉」でも「からす」と読む。こちらはハシブトガラスなど、やや大型でくちばしの太いからすを指している。

目が区別できないのが「烏」（からす）

「鵆」を読めますか？

「鵆」は「行」の間に鳥が入るという不思議な漢字で「ちどり」と読む。写真はそのちどりだが、酔っぱらいがふらふら歩くことを意味する「千鳥足」の語源にもなった鳥なのです。「信天翁」は、これで「あほうどり」と読む。あほうどりは動きが鈍いので魚を獲ることができず、天からエサが降ってくることを信じていると思われていたためこんな漢字になったのです。

鰈

蝶

平たい虫が「蝶」(ちょう)

平たい魚が「鰈」(かれい)

「鰈」と「蝶」に共通する「枼」(よう)は「平たくて薄い」ことを意味する。つまり「枼」に草冠を付けた「葉」も、魚ヘンの「鰈」も、虫ヘンの「蝶」も、すべて「平たくて薄いもの」というわけだ。なお、しゃべるという意味の漢字「喋」にも「枼」が付くが、これは中身が薄っぺらいことを意味しているという説がある。

「棘」と「棗」はどう違う？

似ている漢字に「棘」と「棗」がある。「朿」(し)という漢字が、横に並ぶと「棘」(とげ)で、縦に並ぶと棗(なつめ)となるのだが、そもそも「朿」が「とげ」という意味を持っているのに、なぜ「棘」という漢字がなぜ必要になったのか、今ひとつよくわかりません。並べて「トゲトゲ」した感じを出したかったのでしょうか。一方「棗」は、実が薬にもなることで知られる落葉高木ですが、これはとげがある高い木だから上下に並べたのかもしれません。

駝鳥

駱駝

ラクダは「駱駝」（らくだ）

ラクダに似ている鳥は「駝鳥」（だちょう）

ダチョウとラクダは、それぞれ漢字で「駝鳥」「駱駝」と書くが、この「駝」という漢字が共通しているのは「ダチョウという鳥がラクダのようだから」ということに由来する。「駝」には「家畜に荷物を背負わせる」という意味があり、ダチョウにもそうさせたこと、またダチョウは足の指が２本で、この点もラクダに似ていることから「駝鳥」と名付けられた。なお駱駝の「駱」は、「かわらげ」と訓読み、黒いたてがみを持った馬や、絶え間なく続く様を意味する。

駝鳥と駱駝が見られる「東武動物公園」

撮影にご協力いただいたのは、埼玉県にある「東武動物公園」。遊園地も併設された同園では、2頭のフタコブラクダと、4頭のダチョウをみることができる。広々とした草原にいるダチョウが走る姿は、颯爽としていてなかなか美しいものでした。なお同園の掲示で知ったのですが、ラクダのマツゲが長いのは、砂漠で巻き上がる砂ぼこりから目を守るためなのだそうです。

狸

狢

アナグマが「狢」（むじな）

タヌキが「狸」（たぬき）

「無関係に見えても仲間であること」を「同じ穴の狢」というが、この「狢」を「たぬき」のことだと思っている人は多い。しかし「狢」は「アナグマ」のことを指し、両者はこの写真で見るように似ているけれども違う動物である。なおアナグマが掘った穴にたぬきが勝手に入り込み、共に暮らすこともあるという。

狸と猪が見られる「多摩動物公園」

狸と狢が見られるのが東京都日野市にある「多摩動物公園」。バスに乗って間近から見られるライオンや、スカイウォーク・タワーを軽快に伝うオランウータン、昆虫園で群舞する蝶など人気者が多い動物園ですが、この「狸・狢」コンビも新たなスターになる予感がするのは私だけでしょうか。

豹

的

高いところで目立つ目標が「的」(まと)

「豹」と「的」をよくみると右側の「勺」(シャク、《勹の中に一》は「勺」の旧字)という部分が共通している。この「勺」は、水を汲む「柄杓」(ひしゃく)を意味する漢字で、「豹」と「的」では音を表す音符であるとするのが一般的な考え。ただ、柄杓を掲げると目立つことから「高いところで目立っている」ことを意味しているという説もある。たしかに「豹」は、エサを木の上で食べるなど高いところで目立っており、「的」も同様に高いところにある。

高いところで目立つ獣が「豹」(ひょう)

「凹と凸」も似ている漢字

へこんでいることを意味する漢字「凹」と突き出ていることを意味する漢字「凸」のどちらも象形文字であるという。しかし何の形を象ったのかが、今ひとつよくわからない。2つセットであると考えれば、このような溝と突起だろうか。なお凹凸と書けば「おうとつ」と読み、凸凹と書けば「でこぼこ」と読む。ちなみに画数はどちらも5画です。

○「推敲」とは、文章や詩を練り直してよいものにすることを意味することばですが、これは唐の時代の賈島（かとう）という詩人が《僧は推す月下の門》という詩句の「推す」を「敲く（たたく）」にすべきか迷っていたとき有名な詩人に相談し「敲く」に直したという故事にちなんでいます。
○「まじない」と「のろい」は、似ているようでもだいぶニュアンスの異なることばですが、どちらも漢字では「呪い」と書きます。
○「心」は心臓を象った象形文字です。つまり昔の人は、心臓に心があると考えていたのです——。

このように本を一冊書き終えても、面白い話題に困らないのが漢字の世界です。これほど魅力的な分野なのですから、工夫次第ではもっと漢字好きを増やせるのではないかなと「漢字が嫌い」という息子をみながら作ったのがこの本です。本書が漢字好きを育てる一助になれば嬉しいです。

さて今回も撮影などで多くの方にご協力いただきました。ありがとうございます。デザイナーの佐藤美幸さん、東京書籍の藤田六郎さん、そしてカメラマンの山出高士さんにも改めて大いなる感謝を。次も楽しい本を作りましょう。

文・おかべたかし

『目でみることば』から始まったシリーズ第６作目『目でみる漢字』をこうして無事に出すことができました。これもひとえに、発案者で文章担当のおかべさんと東京書籍の藤田さんのお陰……とつながるのが普通ですが、今回はいいませんよ。

なんせ２人は「山っぽく見える山、どこかでパパッと撮ってくださいよ」とか「虹みかけたら撮っておいてくだいね、虹」とか「鰈でしょ。潜ったら撮れるんじゃないですか」とか、好き勝手ばっかりいってるんですよ！……ったく撮る側の苦労を全然理解してなーい！

きっとわかってくれているのは、いつもきれいに仕上げてくれるデザイナーの佐藤さんと、撮影に協力してくれた方々と、いまこの本を手に取ってくれている貴方だけですよね。

というわけで、お友達に「面白い本があるよ」とこのシリーズを紹介するときには、必ず「このカメラマンの苦労は相当なもんだよ」と言い添えて、ボクの味方を増やすことを忘れないでくださいね！

写真・山出高士

撮影協力　＊敬称略

株式会社前田牧場

国営昭和記念公園

さいたま水族館

ジャパンスネークセンター

多摩動物公園

東武動物公園

野坂肇

日向市観光協会

主要参考文献

『旺文社漢字典（第二版）』
（iPhone アプリ／NOWPRODUCTION）

『角川類語新辞典』
（iPhone アプリ／物書堂）

『角川新字源』
（角川書店）

『漢字再入門』
（阿辻哲次／中公新書）

『漢字を遊ぶ本』
（藁谷久三／祥伝社）

『漢字んな話』
（前田安正・桑田真／三省堂）

『訓読みのはなし 漢字文化圏の中の日本語』
（笹原宏之／光文社新書）

『広辞苑（第四版）』
（岩波書店）

『知ってびっくり「生き物・草花」漢字辞典』
（加納喜光／講談社＋α文庫）

『知ってるようで知らなかった漢字の意味』
（高井ジロル・文／進藤英幸・監修／二見書房）

『大辞林』
（iPhone アプリ／物書堂）

『チャレンジ小学漢字辞典（第五版）』
（Benesse）

『なぜ「烏」という漢字は「鳥」より一本足りないの？』
（蓮実香佑／主婦の友社）

著者プロフィール

おかべたかし

（岡部敬史）

1972年京都府生まれ。早稲田大学第一文学部卒。出版社勤務後、作家・ライターとして活動。著書に『目でみることば』『目でみることば 2』『目でみることば 有頂天』『似ていることば』『似ている英語』（東京書籍）、『赤ちゃんを爆笑させる方法』（学習研究社）、『風雲児たちガイドブック解体新書』（リイド社）などがある。個人ブログ「おかべたかしの編集記」。

山出高士

（やまでたかし）

1970年三重県生まれ。梅田雅揚氏に師事後、1995年よりフリーランスカメラマン。『散歩の達人』（交通新聞社）、『週刊SPA!』（扶桑社）などの雑誌媒体のほか「川崎大師」のポスターも手がける。2007年より小さなスタジオ「ガマスタ」を構え活動中。著書に『目でみることば』『目でみることば 2』『目でみることば 有頂天』『似ていることば』『似ている英語』（東京書籍）がある。『人生が変わる！ 特選 昆虫料理50』（木谷美咲、内山昭一・著／山と溪谷社）でも写真を担当。

目《め》でみる漢字《かんじ》

2015年9月7日　第1刷発行
2020年12月25日　第3刷発行

おかべたかし・文

山出高士《やまでたかし》・写真

発行者　千石雅仁
発行所　東京書籍株式会社
〒114-8524 東京都北区堀船2-17-1
03-5390-7531（営業）
03-5390-7500（編集）

デザイン　佐藤美幸（keekuu design labo）
編集協力　（有）SPOON BOOKS

印刷・製本　株式会社リーブルテック

ISBN978-4-487-80951-6 C0081

出版情報　https://www.tokyo-shoseki.co.jp
乱丁・落丁の場合はお取り替えいたします。